I0839611

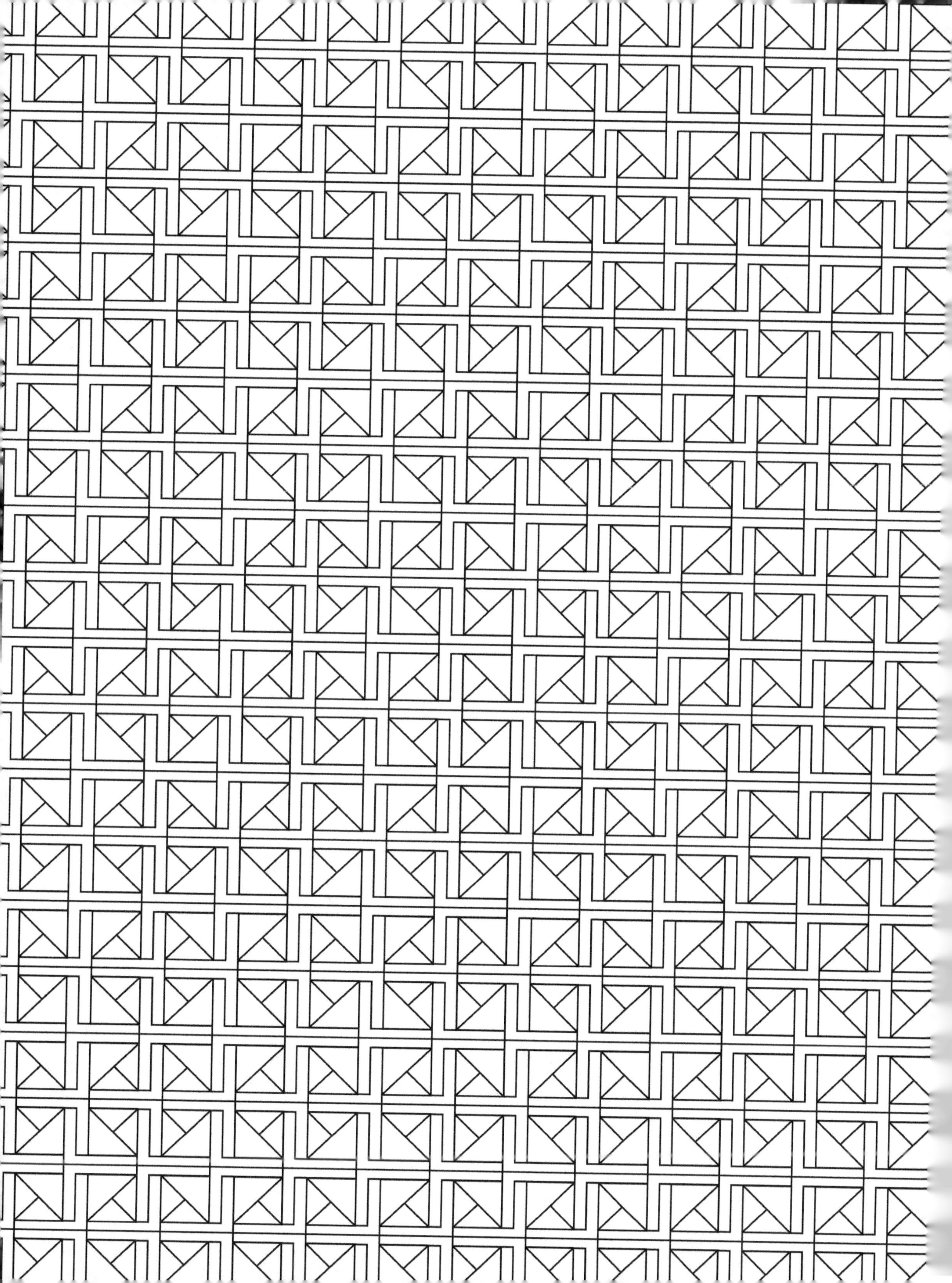

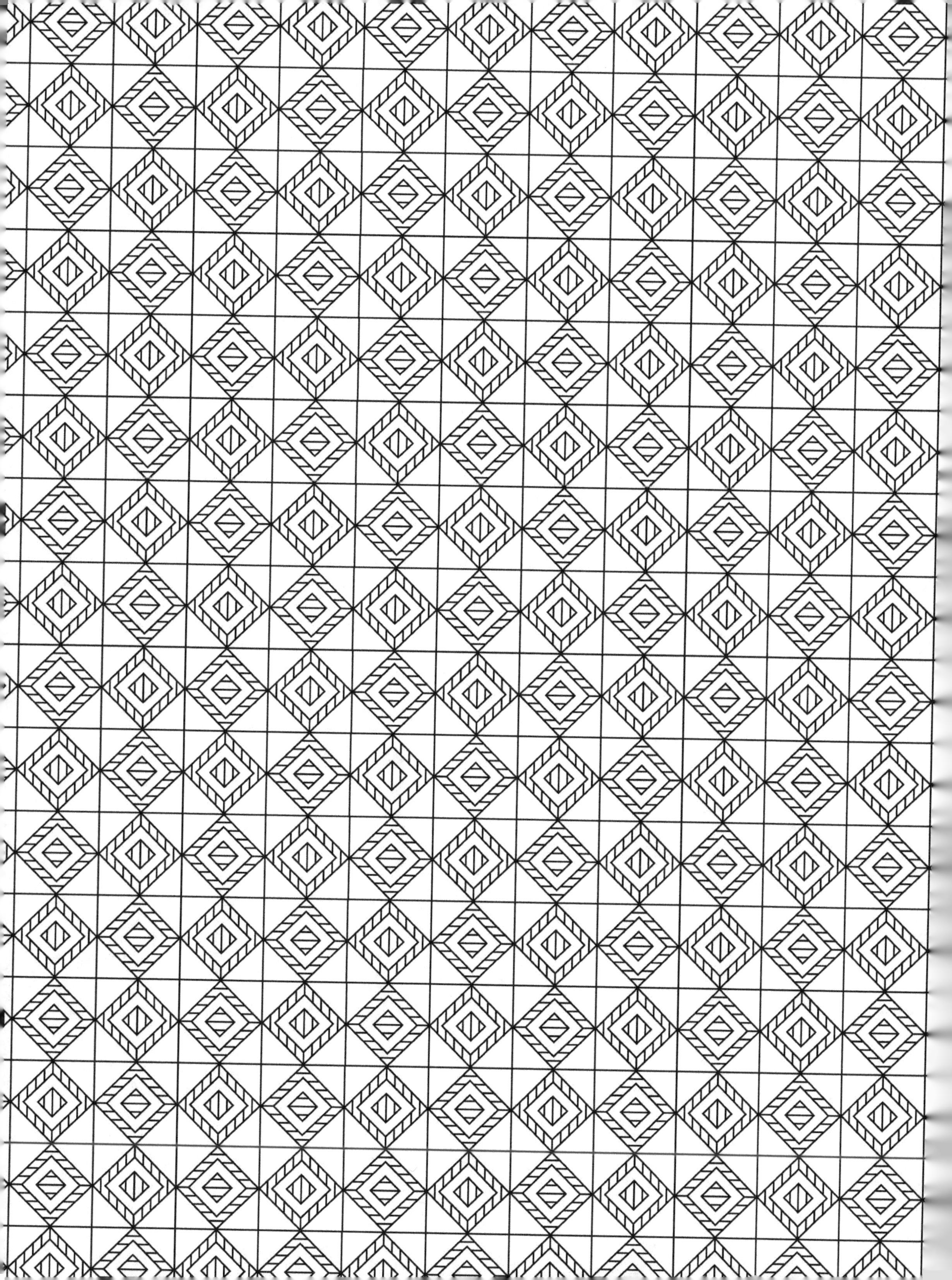

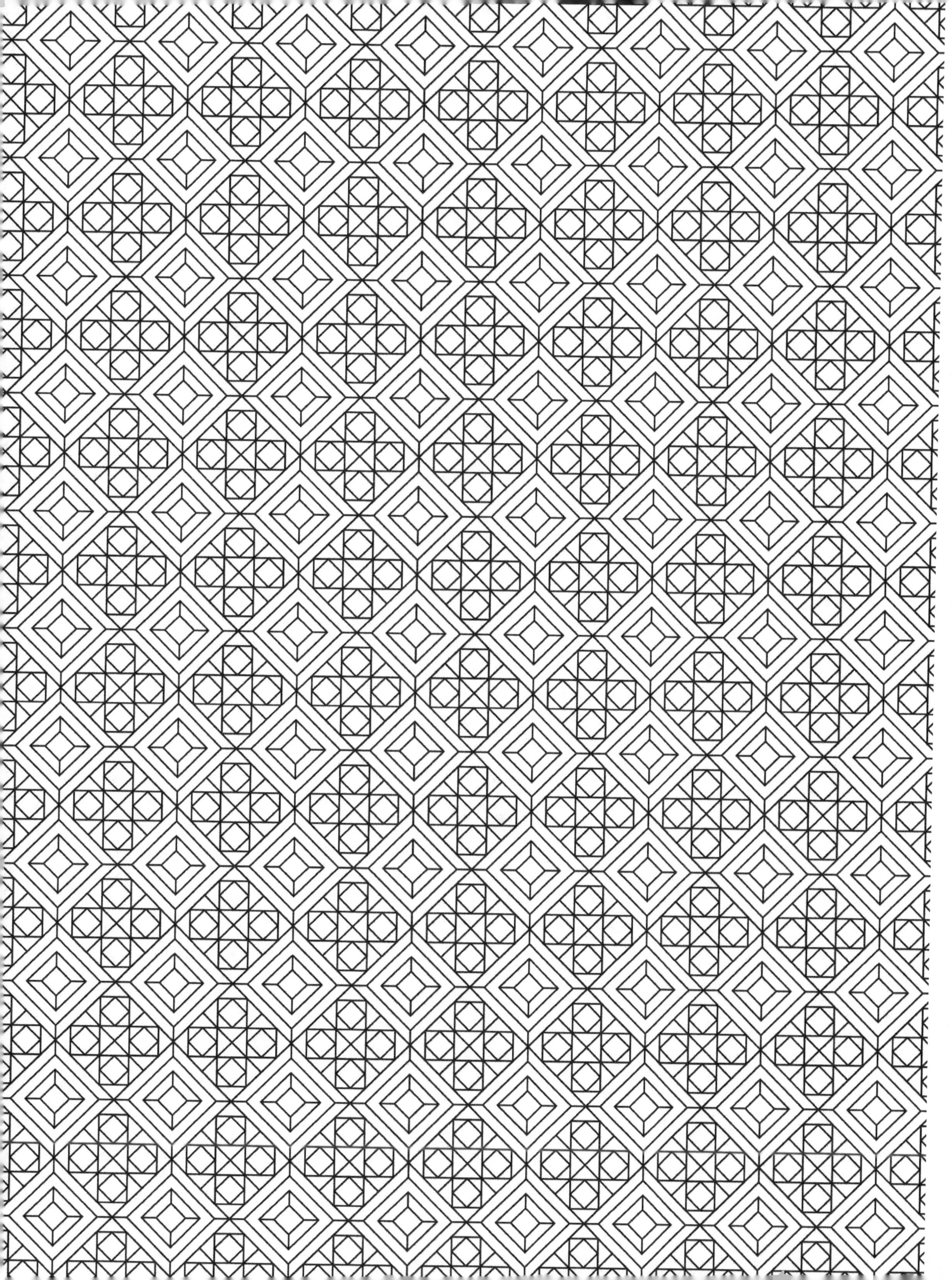

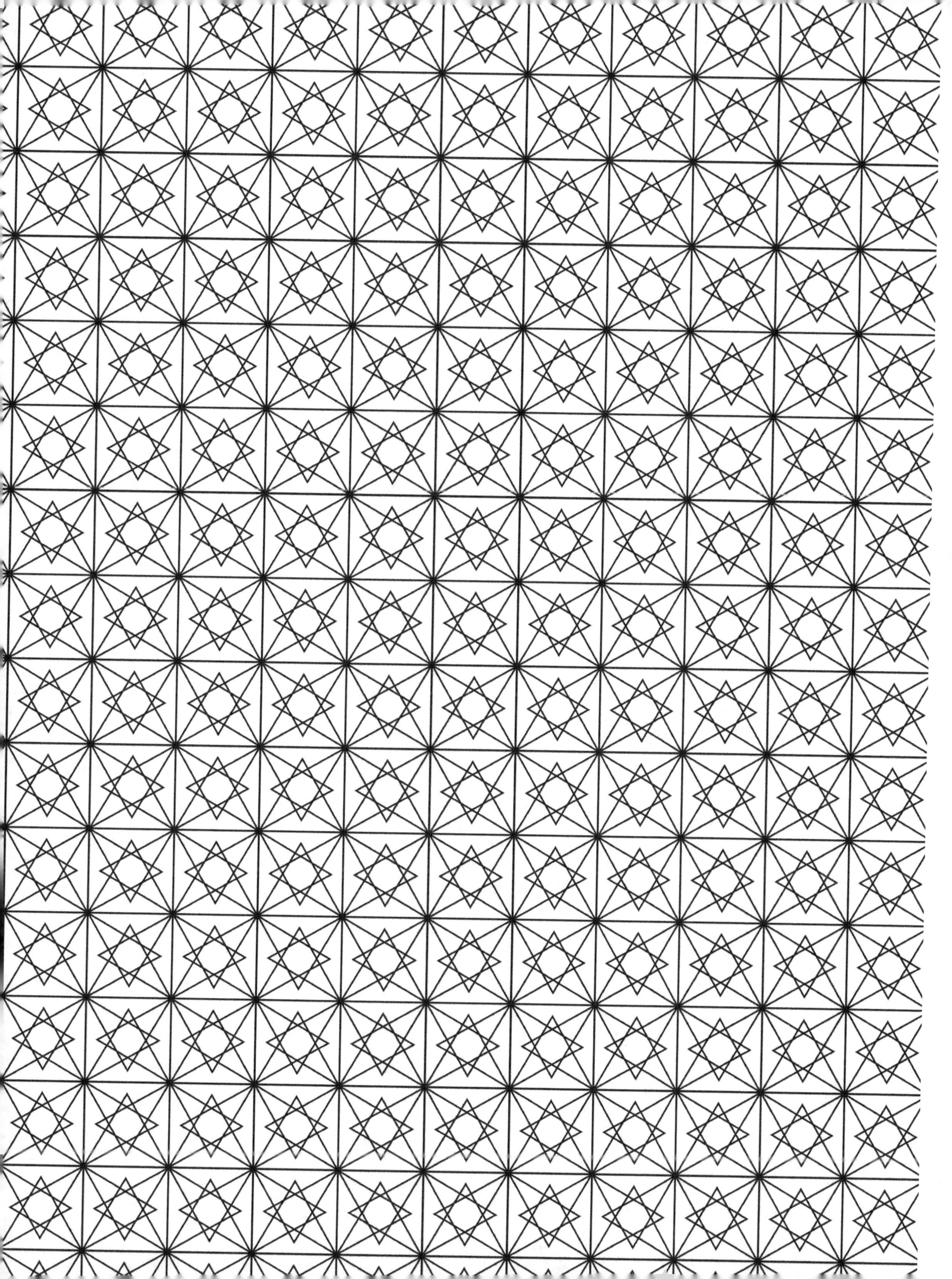

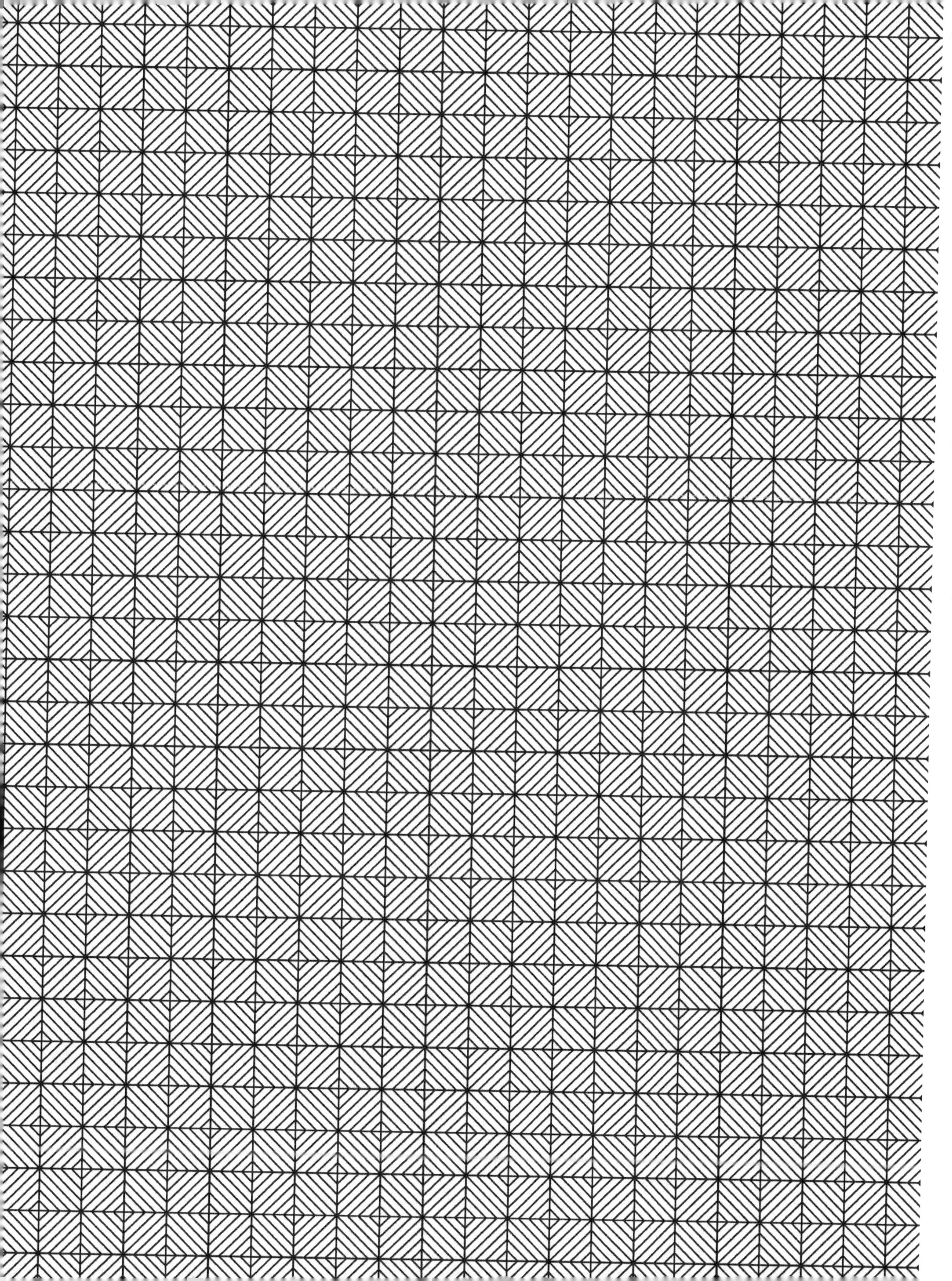

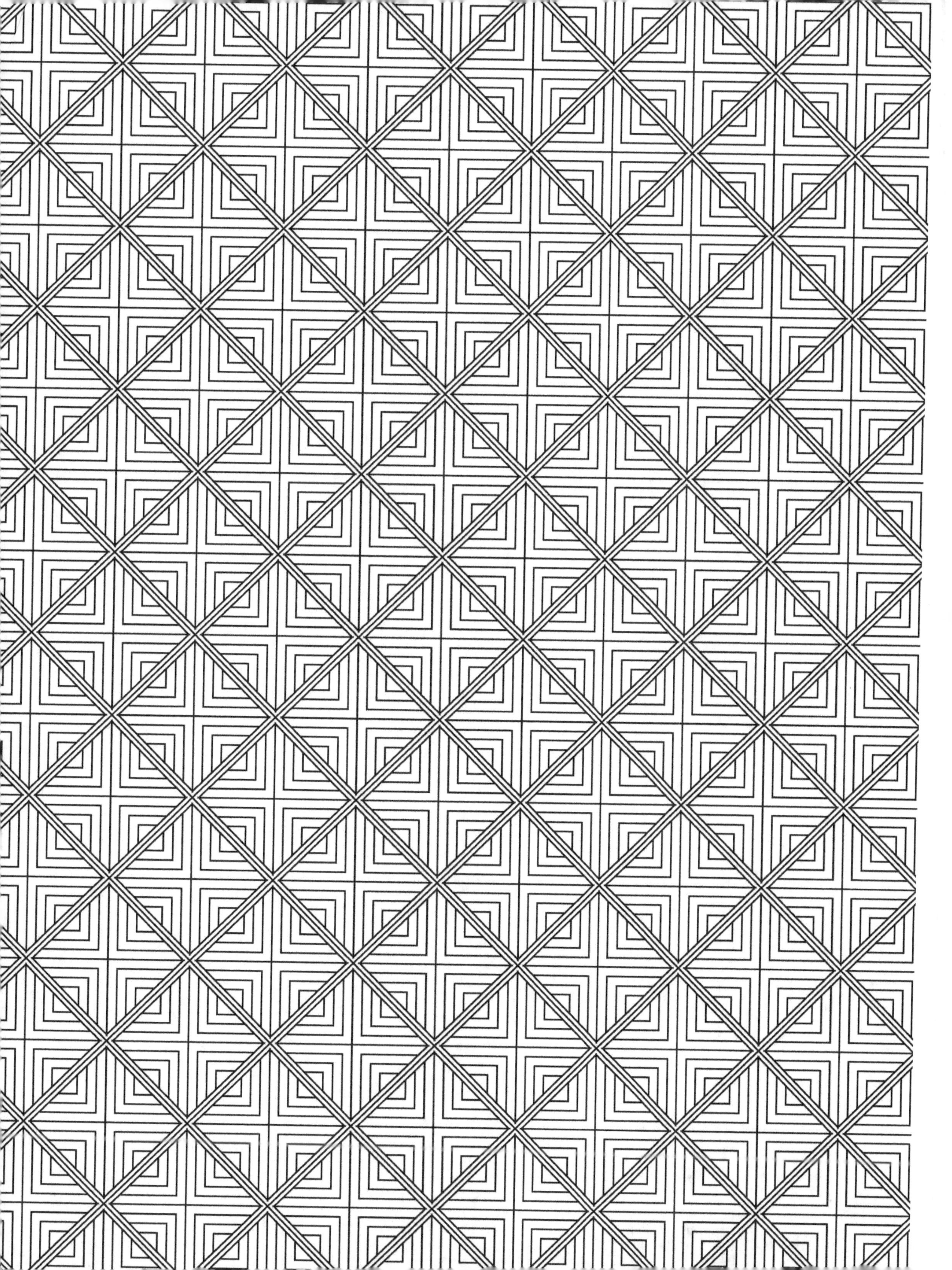